essentials

Springer Essentials sind innovative Bücher, die das Wissen von Springer DE in kompaktester Form anhand kleiner, komprimierter Wissensbausteine zur Darstellung bringen. Damit sind sie besonders für die Nutzung auf modernen Tablet-PCs und eBook-Readern geeignet. In der Reihe erscheinen sowohl Originalarbeiten wie auch aktualisierte und hinsichtlich der Textmenge genauestens konzentrierte Bearbeitungen von Texten, die in maßgeblichen, allerdings auch wesentlich umfangreicheren Werken des Springer Verlags an anderer Stelle erscheinen. Die Leser bekommen „self-contained knowledge" in destillierter Form: Die Essenz dessen, worauf es als „State-of-the-Art" in der Praxis und/oder aktueller Fachdiskussion ankommt.

Sigrid Koch-Baumgarten

Verbände zwischen Öffentlichkeit, Medien und Politik

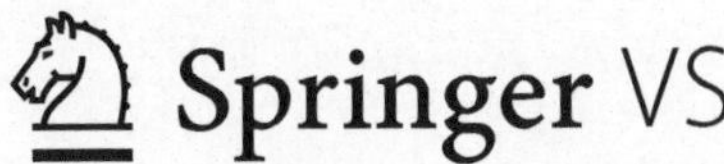 Springer VS

Sigrid Koch-Baumgarten
Institut für Politikwissenschaft
Philipps-Universität Marburg
Marburg, Deutschland

ISSN 2197-6708   ISSN 2197-6716 (electronic)
ISBN 978-3-658-03870-0   ISBN 978-3-658-03871-7 (eBook)
DOI 10.1007/978-3-658-03871-7

Die Deutsche Nationalbibliothek verzeichnet diese Publikation in der Deutschen Nationalbi-
bliografie; detaillierte bibliografische Daten sind im Internet über http://dnb.d-nb.de abrufbar.

Springer VS

Springer VS ist eine Marke von Springer DE. Springer DE ist Teil der Fachverlagsgruppe
Springer Science+Business Media
www.springer-vs.de

Vorwort

Über viele Jahrzehnte blieb das politikwissenschaftliche Interesse an Medien eher gering. Auch in der Verbändeforschung blieb das Thema eher randständig. Die Veränderungen im deutschen Mediensystem, der hohe Medienkonsum der Bevölkerung, die weltweite Dauerbeobachtung der Politik durch die Massenmedien haben inzwischen aber einen regelrechten „Themenhype" (Schatz 2008, p. 127) in der Politikwissenschaft ausgelöst: Die Mediengesellschaft, in der die massenmediale Kommunikation allgegenwärtig ist, wurde als relevanter Handlungskontext sowohl für politische Institutionen, für Regierung und Parlament, als auch für nichtstaatliche Akteure wie Soziale Bewegungen und Parteien bzw. den Wahlkampf wahrgenommen. Verbände hingegen standen lange nicht im Fokus der Debatten über die „Medialisierung" politischer Kommunikation. Verbände waren auch ein eher sperriges Untersuchungsobjekt, das sich gängigen Interpretationsmustern entzog. Das Forschungsfeld ist hochkomplex, heterogen, vielfältig und entzieht sich Generalisierungen (Koch-Baumgarten 2004; Hoffjann und Stahl 2010b, p. 67; Steiner und Jarren 2009, p. 253). Allein die große Zahl von Verbänden, die Vielfalt von Verbandstypen, die Pluralität der Interessen und Handlungskontexte ist eine Herausforderung für jede empirisch orientierte Forschung.

Um so wichtiger sind Pilotstudien wie das „Handbuch Verbandskommunikation", das 2010 von Olaf Hoffjann und Roland Stahl herausgegeben wurde. In diesem Sammelband ist der nachfolgende Artikel (unter Mitarbeit von Daniela Linke) erstmals erschienen, der für die Neuauflage in der Reihe „Springer Essentials" aktualisiert und erweitert worden ist. Die beiden Herausgeber, Olaf Hoffjann, Professor an der Ostfalia Hochschule mit dem Lehrgebiet „Medien und Marketing", und Roland Stahl, promovierter Pressesprecher und Leiter der Abteilung Kommunikation der Kassenärztlichen Bundesvereinigung, haben mit ihrem spannenden und materialreichen Sammelband begonnen, erste Forschungslücken zu schließen. Im inzwischen als Standardwerk etablierten Band kommen sowohl WissenschaftlerInnen als auch ParktikerInnen zu Wort. Verbunden werden einführende überblicksartikel zu Verbänden, zur Struktur, zu den Grundlagen und den Dilemmata der Verbändekommunikation mit speziellen Themen, darunter verbandliche Online-Kommunikation, Grassroots Campaigning und Krisenkommunikation, ergänzt um eine Vielzahl von Fallbeispielen aus einem pluralen Verbandsspektrum.

Inhaltsverzeichnis

Einleitung 1

Wenn gegenwärtig politisch und wissenschaftlich über folgenreiche Veränderungen der Organisationsumwelt der Verbände und über eine Transformation des Politischen diskutiert wird, dann ist entweder von der *Individualisierung*, der *Globalisierung* oder der *Medialisierung* die Rede. Verbände stehen tatsächlich unter multidimensionalem Veränderungsdruck. Medialisierung ist nur ein, wenngleich wichtiger Teilaspekt. Darunter sind medieninduzierte Veränderungen der politischen Kommunikation und politischen Entscheidungsfindung zu verstehen, die auf die institutionellen Arrangements des intermediären Systems der Politikvermittlung zwischen Staat und Gesellschaft und damit auf das Handlungsfeld der Verbände ausstrahlen. Prozesse des Wandels moderner Staatlichkeit, die Entwicklung des korporatistischen Steuerungs- in den „kooperativen Staat" (Benz 1997), sowie Prozesse gesellschaftlicher Individualisierung, die Menschen aus sozialen Bindungen und Organisationsloyalitäten herauslösen und somit zum allmählichen „Aussterben des Stammkunden" politischer Organisationen führen (Jarren et al. 2007b, p. 10), neue und plurale Wertorientierungen entstehen lassen, fallen zusammen mit einem Wandel der Öffentlichkeit und des Mediensystems, der Herausbildung einer Mediengesellschaft, in der „Medienkommunikation […] eine allgegenwärtige und alle Sphären des gesellschaftlichen Seins durchwirkende Prägekraft entfaltet, ein so genanntes soziales Totalphänomen (Marcel Mauss) geworden ist" (Saxer zit. in Rhomberg 2009, p. 107).

Wie diese grundlegenden Veränderungen auf die Verbände zurückwirken, ist bislang systematisch kaum erforscht (Terkildsen et al. 2008, p. 430). Generell hat sich die Verbändeforschung erst in den letzten Jahren und eher selten (etwa Wessels 2003; Rucht 2007) für Prozesse politischer Kommunikation, das Verhältnis von Verbänden und Öffentlichkeit oder von Verbänden und Medien interessiert. Umgekehrt hat sich die Kommunikations- und Medienforschung mit wenigen Ausnahmen (Jarren et al. 2007a; Vowe 2007) kaum mit Verbänden befasst. Insofern sind empirische Befunde rar und selektiv, nur auf ausgewählte Verbände, insbe-

S. Koch-Baumgarten, *Verbände zwischen Öffentlichkeit, Medien und Politik*, essentials, 1
DOI 10.1007/978-3-658-03871-7_1, © Springer Fachmedien Wiesbaden 2014

sondere Gewerkschaften oder Greenpeace, bezogen. Der Fokus der Kommunikationsforschung lag eher auf Parteien und der Untersuchung des Wandels von Wahlkämpfen, die sich inzwischen tatsächlich medienzentriert präsentieren. Die Verbändeforschung konzentrierte sich auf institutionelle Politik, auf Verfahren der Interessenrepräsentation, der formellen und informellen Einflussnahme von Verbänden auf die staatliche Entscheidungsfindung und damit auf das Spannungsverhältnis von Verbändemacht und staatlicher Souveränität bzw. von gesellschaftlichen Partikularinteressen und Gemeinwohl. Erst neuerdings haben materialreiche Pilotstudien (Hoffjann und Stahl 2010) begonnen, erste Forschungslücken zu schließen, wenngleich der empirische Kenntnisstand noch immer defizitär ist.

In der Verbändeforschung generell hat es bereits in der kurzen Geschichte der Bundesrepublik einen mehrfachen Paradigmenwechsel gegeben (vgl. im Überblick: Massing 2006, pp. 117–127; Sebaldt und Straßner 2004, pp. 28–59). Gegenüber vorherrschend konservativen Vorbehalten gegen die Störpotentiale partikularer Interessen im unregierbaren „Verbändestaat" betonte der Neopluralismus Ernst Fraenkels seit Ende der 1950er Jahre die Bedeutung binnendemokratischer Interessengruppen in pluralen Gesellschaften für die repräsentative Demokratie und ihre Befähigung zu gemeinwohlorientierten und demokratisch legitimierten politischen Entscheidungen. Vor dem Hintergrund gewachsener und komplexerer öffentlicher Aufgaben wurden zentralistische Großverbände als notwendige Ergänzung des Steuerungsstaates im Korporatismusmodell der 1970er Jahre gedeutet, deren Vermittlungsleistung zwischen Gesellschaft und Staat überhaupt erst effektive (wirtschaftliche) Steuerung und damit Regierbarkeit gewährleiste. In den letzten Jahren wurde in Governance-Ansätzen die Einbeziehung von Verbänden als gleichberechtigte Partner staatlicher Entscheidungsträger in nichthierarchische Formen der Steuerung über Netzwerke im „kooperativen Staat" (Benz 1997, 2004) und im politischen Mehrebenensystem bis zur Europäischen Union diskutiert.

Auch wenn die Rückwirkungen von Medialisierungsprozessen noch nicht hinreichend empirisch untersucht worden sind, hat eine wissenschaftliche Debatte über die Neupositionierung von Verbänden in der Mediengesellschaft begonnen, die einen neuen Paradigmenwechsel einleiten könnte. Immerhin steht als weitestgehende Position ein Machtwechsel zwischen Verbänden und Medien in der Politikvermittlung zur Debatte (vgl. Jarren 1994; Meyer 2002, p. 11 f.). Bevor auf die wissenschaftliche Kontroverse ausführlicher eingegangen wird, sollen die Befunde zur politischen Binnen- und Außenkommunikation der Verbände unter den neuen Kontextbedingungen der Mediengesellschaft dargestellt und der zentralen Frage nachgegangen werden, ob und wie sich die Position der Verbände im intermediären System der Interessenvermittlung gewandelt hat.

Verbände im intermediären System der Interessenvermittlung und Willensbildung 2

Es gehört zu den Gemeinplätzen der Politikwissenschaft, dass moderne repräsentative Demokratien einer Vernetzung zwischen dem politisch-administrativen Entscheidungssystem und einer politisch pluralen, sozial heterogenen, funktional in Subsysteme ausdifferenzierten Gesellschaft und damit hochkomplexer Kommunikationsprozesse in einem intermediären System der Interessenvermittlung bedürfen (vgl. Rucht 2007)[1]. Erstens braucht die kollektiv verbindliche Regelsetzung in den staatlichen Institutionen aus funktionalistischer Perspektive eine über nichtstaatliche Akteure vermittelte Komplexitätsreduktion, um die Vielfalt politischer Probleme und Interessen wahrnehmen, bearbeiten und effektiv politisch steuern zu können. Politische Entscheidungsträger sind abhängig von einer Vielzahl von *Inputs* gesellschaftlicher Akteure in den politischen Entscheidungsprozess, die etwa in Informationen über dringliche, politischer Bearbeitung bedürfender Problemlagen; in Vorschlägen für Lösungsmöglichkeiten; im Einbringen von Expertise durch in die Alltagsroutinen eingebundene Akteure oder im Aufdecken möglicher Konfliktpotenziale für die Politikimplementierung bestehen können.

Zweitens sind repräsentative Demokratien normativ auf die Rückbindung staatlicher Politikentscheidung an den Willen des Souveräns angewiesen, um die Legitimation politischer Institutionen, Akteure und Entscheidungen zu gewährleisten. Wahlen sind dabei notwendiges, aber längst nicht mehr hinreichendes Mittel. Hinzukommen müssen Partizipationsmöglichkeiten für Bürgerinnen und Bürger sowie ein öffentlicher Diskurs über Politik, der eine „kommunikative Legitimation von Herrschaft" (Franz 2000, p. 12) möglich macht. Vor dem Hintergrund von Bildungsexpansion, Wertewandel und neuen Partizipationsinteressen der Bevölke-

---

[1] Da es sich bei den vorliegenden Ausführungen um einen Überblicksartikel handelt, wird hier Verband als übergreifender Begriff und synonym mit Interessengruppen gebraucht. Unterschiede, die sich aus der empirischen Vielfalt von Verbänden, Verbandstypen und ihren Tätigkeitsfeldern ergeben, können nicht systematisch berücksichtigt werden (vgl. dazu im Überblick Rudzio 2006, pp. 57–65).

S. Koch-Baumgarten, *Verbände zwischen Öffentlichkeit, Medien und Politik*, essentials, DOI 10.1007/978-3-658-03871-7_2, © Springer Fachmedien Wiesbaden 2014

rung sind die Anforderungen an die Responsivität des Politischen Systems, also seine Offenheit für Wünsche, Erwartungen, materielle und Mitgestaltungsinteressen der Bürgerinnen und Bürger, erheblich gestiegen.

Die strukturelle Verkoppelung von Politischem System und Gesellschaft erfolgt in einem komplexen Kommunikations- und Interaktionssystem, das als intermediäres System, also eine Zwischensphäre zwischen Bürgerschaft, sozialen Gruppen auf der einen und dem politisch-administrativen System auf der anderen Seite, begrifflich gefasst ist. Hier werden gesellschaftliche Interessen heterogener Gruppen formuliert und mit Gegeninteressen konfrontiert, es werden Situationsdeutungen, Problemdefinitionen ausgehandelt, Interessenkonstellationen bzw. Konsens- und Konfliktlagen verhandelt – und damit politische Entscheidungen der politischen Institutionen *vor*bereitet und durch die Diskussion und Bewertung der Ergebnisse, die Kontrolle der politischen Entscheidungsträger auch *nach*bereitet. Es handelt sich um Prozesse der Politikvermittlung und Willensbildung *bottom up* von der Bürgerschaft zu den politischen Entscheidungsträgern und von den politischen Institutionen *top down* zurück in die Gesellschaft.

Daran sind verschiedene intermediäre Akteure – mit der gleichen Aufgabe, aber mit unterschiedlichen Strukturen und Instrumenten – beteiligt: die Verbände als Repräsentanten spezifischer ideeller oder materieller Gruppeninteressen, die diese im politischen Entscheidungsprozess durchsetzen wollen; die Parteien als Agenturen des politischen Machterwerbs und die nur lose verkoppelten sozialen Bewegungen, die neben spezifischen Interessen auch neue Lebensformen durchsetzen wollen. Die Massenmedien sind nicht nur Interessenvertreter in eigenen (medienpolitischen) Belangen, sondern vor allem ein öffentliches Forum „der Selbstbeobachtung und Selbstkommentierung der Gesellschaft" (Rucht 2007, 20 ff.). Die Kernfunktion der Medien besteht darin, Öffentlichkeit herzustellen (Bergsdorf 1980), also dazu beizutragen, dass über Politik informiert wird, über politische Themen vor einem breiten Publikum diskutiert wird. Dazu gehört auch, über politische Akteure und ihre Positionen, also auch über Verbände und ihre Belange, zu berichten. Medien leisten es, die „komplexe Gischt der Meinungsflut, die der Politik vom Publikum entgegenbrandet, auf jene Beiträge und Themen zu konzentrieren, die hinreichend viel Aufmerksamkeit verdienen" (Rhomberg 2009, p. 26).

Interessenvermittlung durch Verbände ist dabei ein mehrstufiger Prozess, in dem Verbände erstens in organisationsinternen Willensbildungsprozessen Interessen und Positionen ihrer Mitglieder und sozialen Basis auswählen, zu einheitlichen Forderungsprogrammen und politischen Strategien bündeln *(Funktion der Interessenaggregation und -selektion)*. Diese werden zweitens gegenüber anderen kollektiven nichtstaatlichen und staatlichen Akteuren formuliert, gerechtfertigt, in Verhandlungen, institutionellen Verfahren und in der Öffentlichkeit repräsentiert, mit dem Ziel, die Gesetzgebung staatlicher Institutionen zu beeinflussen *(Funktionen der Interessenartikulation und -repräsentation)* oder selbst allgemeingültige Regeln – etwa als private Gesetzgeber in der Tarifautonomie oder im europäischen Sozialdialog (Keller 2008) – aufzustellen *(Regulierungsfunktion)*. Umgekehrt wird drittens die staatliche (sowie die „private") Regelsetzung bewertet, diskutiert und in der Mitgliedschaft legitimiert *(Funktion der Legitimation;* vgl. zu den Verbandsfunktionen u. a. Sebaldt und Straßner 2004, pp. 59–71; Rudzio 2006, p. 55 ff.; Straßner 2010).

Verbände und ihre Funktionen in komplexen Interaktions- und Kommunikationsnetzen 3

Interessenvermittlung ist anders ausgedrückt politische Kommunikation der Verbände an den Schnittstellen zur Bürgerschaft (Verbandsmitglieder, soziale Gruppe und gesamtgesellschaftliches Publikum), zu anderen intermediären Akteuren (insbesondere Gegenverbände und Medien) und zu politischen Entscheidungsträgern und Entscheidungsinstitutionen. Bisher sind in der Literatur in Anlehnung an Arlt (1998, vgl. auch Wessels 2003, p. 325) und am Beispiel der Gewerkschaften drei Kommunikationskreise von Interessengruppen unterschieden worden: die Mitglieder- und Gruppenkommunikation (als Binnenkommunikation), die Kommunikation mit den Gegenverbänden (hier der Arbeitgeber) bzw. den anderen intermediären Organisationen (darunter insbesondere Medien) und mit den politischen Eliten (als Außenkommunikation). Die *Binnenkommunikation* wird vor allem mit den Funktionen der Interessenaggregation und -selektion und Legitimation der Verbände, die *Außenkommunikation* mit den Funktionen der Interessenartikulation, -repräsentation (und politikfeldspezifischer gesellschaftlicher Regulierung) in Verbindung gebracht (vgl. Vowe 2007). Beide finden in direkter (interpersonal) oder indirekter (medienvermittelt) bzw. öffentlicher (unter Publikums- bzw. Medienbeteiligung) und nichtöffentlicher Form (intransparente Verfahren in institutionellen Politikarenen) statt. In Abgrenzung von privater und geheimer ist „öffentliche Kommunikation [...] prinzipiell für jedermann zugänglich, sie bezieht oft ein sehr großes und anonymes Publikum ein" (Schulz 2008, p. 113). Grundsätzlich kann in Anlehnung an Gerhards und Neidhardt (1990) zwischen Präsenz- (zufällige Encounter- und organisierte Versammlungsöffentlichkeit) und Medienöffentlichkeit (technisch vermittelt über (Massen-) Medien) unterschieden werden (vgl. das Schaubild bei Schulz 2008, p. 125).

S. Koch-Baumgarten, *Verbände zwischen Öffentlichkeit, Medien und Politik*, essentials, 7
DOI 10.1007/978-3-658-03871-7_3, © Springer Fachmedien Wiesbaden 2014

3.1 Binnenkommunikation der Verbände: exklusiv, nicht-öffentlich und demokratisch defizitär

Unter Binnenkommunikation ist der Informations- und Meinungsaustausch zwischen Verbandseliten, aktiven und passiven Mitgliedern bzw. der nichtorganisierten Interessenklientel gemeint. Sie reicht heute – oder wie bei den Gewerkschaften bereits traditionell seit mehr als einem Jahrhundert – über die Grenzen des Nationalstaats hinaus und ist bis in internationale und europäische Verbände – meist Verbandsverbände – verlängert. Mitglieder- und Interessengruppierungen innerhalb des Verbandes werden Möglichkeiten zur Kontrolle der Verbandsführungen, zur Partizipation, zur Meinungsäußerung und Interessenartikulation eingeräumt. Verbandseliten stellen sich zur Wahl, erhalten Möglichkeiten zur Profilierung, zur Rechtfertigung ihrer Politik gegenüber den Organisationsmitgliedern und der sozialen Gruppe. Darüber hinaus werden die Ziele und politischen Leitlinien der Verbände *er*mittelt und *ver*mittelt, allgemeine Mitgliederloyalität, die Bereitschaft, den Verband finanziell und personell zu unterstützen – gerade auch in Zeiten der Erosion milieugetragener, quasi natürlicher Organisationsbindungen –, erhalten und konkrete politische Unterstützung – entweder aktive Mitarbeit oder zumindest passive Loyalität – in politischen Auseinandersetzungen mobilisiert. Instrumente der Binnenkommunikation sind vor allem traditionell die nationalen und internationalen Verbandskongresse, Mitglieder- und mobilisierende Protestversammlungen, politische Kampagnen und gedruckte Trägermedien (Rundbriefe, Verbandszeitungen, Plakate), neuerdings auch Websites, Intranets und Mailinglisten. Zu ergänzen wären in wichtigen Einzelverbänden interpersonale Kontakt- und Multiplikatorennetze, wie etwa bei den Gewerkschaften das innerbetriebliche System gewerkschaftlicher Vertrauensleute (vgl. Vowe 2007, p. 466 f.; Wessels 2003; Prott 2003). Dazu gehört aber auch bereits traditionell die indirekte Mitglieder- und Anhängeradressierung über die Massenmedien. „In den Schlagzeilen der Presse aufzutauchen, in Kommentaren und Berichten zur Kenntnis genommen und diskutiert zu werden, Stellungnahmen im Fernsehen abgeben und an Diskussionsrunden mitwirken zu können – ist auch deshalb für jede Interessengruppe von eminenter Bedeutung, weil sie sich auf diesem Weg nicht zuletzt auch an ihre eigenen Mitglieder wendet, um ihre Zustimmung wirbt, ihren Rückhalt sucht, weil sich Verbandsführer in Erinnerung rufen und ihren Mitgliedern die vitale Bedeutung der Organisation ständig vor Augen führen" (Weber 1976, p. 205).

Große und einflussreiche Verbände kommunizieren mit ihren Mitgliedern und der repräsentierten sozialen Gruppe *vorrangig* direkt sowohl über verbandseigene Medien, dem „Flaggschiff" der Verbandskommunikation (Zeese 2010), als auch in organisierten Versammlungsöffentlichkeiten, durch Mitgliederrundbriefe und über Multiplikatoren – also ein dichtes „Kommunikationsgeflecht" (Zeese 2010, p. 230 f.) Eigene Printmedien der Gewerkschaften etwa hatten noch 1999 eine Auflage von sieben Millionen (vgl. Wessels 2003, p. 326). Bis heute stützt sich jeder zweite Verband auf eigene Presseerzeugnisse, die sich laut einer aktuellen Befragung aller deutschen Spitzenverbände noch immer großer Beliebtheit bei den Verbandseliten erfreuen. Diese verstehen in der verbandseigenen Presse das zentrale Instrument der Binnenkommunikation, mit dem die Zielgruppe „punktgenau" und ohne massenmediale Verzerrungen erreicht werden kann. Sie ist daher in den letzten Jahren erheblich modernisiert und professionalisiert worden. Ihre jährliche Gesamtauflage soll bei 500 Millionen liegen (Zeese 2010, pp. 223–227).

Vor dem Hintergrund der Erosion traditioneller Milieu- und Organisationsbindungen und zunehmender organisatorischer Konkurrenz müssen die Verbände in der Mediengesellschaft zunehmend *auch* die Massenmedien einbeziehen, um ihre Mitglieder und die soziale Gruppe zu erreichen und sich von Konkurrenzverbänden im politischen Wettbewerb abzugrenzen. Besonders Verbände ohne eigene Publikationsorgane sind auf die Unterstützung der Massenmedien im Prozess der Politikvermittlung angewiesen. Zusammenfassend kann festgehalten werden, dass Faktoren wie die Verfügbarkeit eigener Verbandsmedien; die Bedeutung von Öffentlichkeit im Selbstverständnis und in der Ideologie eines Verbandes; der Organisationsaufbau und Erfordernisse an die Responsivität der Verbandseliten; die Stärke seiner Milieueinbindung, die Heterogenität der Mitgliedschaft und der Grad seiner Inklusivität bzw. der Wettbewerbsdruck konkurrierender Organisationen die unterschiedliche Bedeutung massenmedial vermittelter Binnenkommunikation für Einzelverbände erklären (vgl. Vowe 2007, p. 466; Steiner und Jarren 2009, pp. 260–263; Hoffjann 2010, p. 71 f.; Koch-Baumgarten 2004, p. 83 f.).

Empirische Befunde zu diesem Thema sind rar. Bekannt ist, dass Verbände kaum in Massenmedien präsent sind, die Berichterstattung über politische Akteure bezieht sich nur zu 7 % auf Verbände und dann meist auf nur wenige ausgesuchte Organisationen, wie die Tarifparteien (vgl. Hackenbroch 1998, p. 199 f., 223 ff.). Für die Kommunikation in der Alltagsroutine, im Politikalltag der Verbände, für die Einwerbung von Verbandsloyalitäten, die Mobilisierung personeller und finanzieller Unterstützung können die Massenmedien insofern nur eine begrenzte Rolle spielen. Das ändert sich im politischen Konflikt, in dem die Medienberichterstattung nicht nur zunimmt, sondern auch eigene journalistische Situationsdeutungen, Konflikt- und Akteursbewertungen entwickelt werden, die insbesondere dann erheblichen politischen Druck entfalten können, wenn die Massenmedien konsonant urteilen (vgl. Eilders 2004). Bereits die klassische Verbändeforschung stellte fest, dass „der Aktions- und Verhandlungsspielraum einer Interessengruppe […] u. a. auch davon ab[hängt], wie ihre Belange und Forderungen in der Öffentlichkeit ankommen, ob die öffentliche Meinung überhaupt davon Notiz nimmt und wie sie in der Öffentlichkeit beurteilt werden" (Weber 1976, p. 202).

Noch akzentuierter hat Hans-Mathias Kepplinger (2009, p. 25) herausgearbeitet, dass sich in der Mediengesellschaft politische Konflikte als „publizistische Konflikte", ausgetragen in den Medien, präsentieren, deren Ausgang weniger von den Aktivitäten oder Angriffen des Gegners als davon abhängt, ob es den beteiligten Akteuren wie den Verbänden gelingt, die Unterstützung der eigenen Mitglied- und Anhängerschaft zu mobilisieren und zu stabilisieren: „Solange die Weggefährten zu den Angegriffenen stehen, hat er gute Chancen, die Angriffe abzuwehren […] Sobald die eigenen Weggefährten freiwillig oder gezwungen auf Distanz gehen, ist die Sache für den Angegriffenen verloren." Andererseits ist nachgewiesen worden, dass gerade Milieu- und Organisationsbindungen mit der Ausprägung gruppenspezifischer Einstellungen, Politikpräferenzen und Weltbilder die Rezeption massenmedialer Deutungen bei den Verbandsmitgliedern filtern, so dass der Einfluss der Massenmedien auf die (De)Mobilisierung und Erzeugung von Loyalität der Verbandsanhänger unsicher bleibt.

Noch deutet alles darauf hin, dass innerverbandliche Willensbildungsprozesse bis heute weitgehend „Geheimveranstaltungen" (Arlt und Jarren 2002, p. 194) geblieben und der Medien- sowie einer größeren Öffentlichkeit entzogen sind. Sie beziehen nur aktive Kerne, d. h. etwa 3 bis 10 % der Mitgliedschaft und einflussstarke Teilgruppen mit spezifischen Interessen ein, die meist Minderheiten, Frauen oder Migranten nicht berücksichtigen. Insofern stehen die Binnenkommunikation der Verbände und ihre Interessenselektion und -aggregation in der Kritik, demokratisch defizitär und exklusiv zu sein. Das trifft in besonderem Maße für die europäischen und internationalen Verbände zu. Am Beispiel der Gewerkschaften ist herausgearbeitet worden, dass internationale Willensbildungsprozesse mitgliederfern, exklusiv und asymmetrisch verlaufen. Eine übergreifende internationale, in die Mitgliedschaft hineinreichende Verbandsöffentlichkeit gibt es nicht, am Informationsaustausch und der Willensbildung ist nur ein kleiner Kreis von Funktionsträgern beteiligt. Zudem bestehen (bis in die 1980er Jahre noch formell, danach informell) ungleiche Einflusschancen nationaler Verbände (vgl. Koch-Baumgarten 1999, pp. 318–360).

Viel zu wenig berücksichtigt bisher wurden auch die durch das Internet neu entstehenden Möglichkeiten der direkten Kommunikation der Verbände mit Mitgliedern und Anhängern. Ob sich hier mit den vielfältigen technischen Möglichkeiten auf nationaler und internationaler Ebene neue und inklusive Kommunikationsformen entwickeln, bleibt abzuwarten (vgl. Voss 2010; Bender 2009, pp. 20–23).

3.2 Außenkommunikation in institutionellen Politikarenen und der (Medien)Öffentlichkeit

Unter Außenkommunikation ist ein wesentlich komplexeres Interaktions- und Kommunikationssystem der Verbände im Zusammenhang mit ihren Funktionen der Interessenartikulation, -repräsentation und politikfeldspezifischen Regulierung zu verstehen. In der Einflussnahme auf allgemeingültige Regelsetzung liegt der eigentliche Existenzzweck von Verbänden, die Verbandsinteressen und -forderungen in Prozessen politischer Meinungsbildung und Regelsetzung gegenüber anderen staatlichen und nichtstaatlichen Akteuren artikulieren, argumentativ vertreten und machtpolitisch durchsetzen wollen. Dies tun sie prinzipiell schon immer in nichtöffentlich-institutionellen Politikarenen auf der einen Seite *und* in öffentlichen Diskursarenen auf der anderen Seite. Interessenvermittlung durch Verbände hat immer quasi „gedoppelt" stattgefunden, weshalb bereits die klassische Verbändeforschung zwischen nichtöffentlichem „lobbying" in Institutionen des Regierungssystems und der Ausübung öffentlichen Drucks als „pressure" über die Medien in der Öffentlichkeit unterschieden hat (vgl. Hackenbroch 1998, p. 3 f.).

Beide Arenen, ihre jeweilige Bedeutung für die Politikgestaltung und damit die Verbandspolitik unterliegen seit gut zwei Jahrzehnten erheblichen Veränderungen. Wenn man der These folgt, dass politische Kommunikationssysteme spezifischen Staatstypen „angepasst" sind (Schuppert 2007, p. 290 f.), dann sind die Veränderungen des intermediären Kommunikations- und Interaktionsystems grundlegend auf den Wandel des nationalen korporatistischen Steuerungsstaates der 1970er Jahre in den polyzentrischen, in internationale Mehrebenensysteme eingebundenen „kooperativen Staat" (Benz 1997) zurückzuführen. Politische Willensbildung und Entscheidungsfindung werden in doppeltem Sinne ‚entgrenzt', nämlich internationalisiert und vergesellschaftet. Sie werden einerseits vom Nationalstaat und seinen politischen Institutionen in europäische und internationale Organisationen verlängert. Andererseits werden sie aus exklusiven staatlichen Institutionen und korporatistischen Elitenkartellen, in denen Repräsentanten machtvoller, zentralisierter Großverbände und der Regierung außerkonstitutionell Entscheidungen aushandelten, in die Gesellschaft und Öffentlichkeit erweitert. Hierarchische (national)staatliche Steuerung weicht neuen Formen der Governance in Mehrebenensystemen (vgl. Benz 2004), gesellschaftlicher Selbstregulierung und der Netzwerkkooperation unter Einbeziehung einer größeren Anzahl nichtstaatlicher Akteure (wie Parteien und Verbände, aber auch Wissenschaft, NGOs, Bürgerinitiativen). Zudem wird Kooperation mit der Gesellschaft oder Regieren mit Zustimmung der

Bürgerschaft zum Ziel modernen Regierens (vgl. Schuppert 2007, p. 291), so dass die Bedeutung öffentlicher Politikarenen und der Medien für die Politikgestaltung wächst.

3.2.1 Verbände in institutionellen Politikarenen

Bezogen auf das Lobbying haben sich infolgedessen die Kommunikationsorte zur verbandlichen Interessenrepräsentation und die Zahl der beteiligten nichtstaatlichen Akteure, d. h. auch der zivilgesellschaftlichen Konkurrenten für und politischen Gegengewichte gegen Verbände vervielfacht, die Kommunikationsketten in den europäischen und internationalen Raum „verlängert" (Rucht 2007, p. 25). Folgt man einem Modell der polyzentrischen Struktur des bundesdeutschen Politischen Systems Karl-Rudolf Kortes und Manuel Fröhlichs (2006, pp. 71–79), sind innerhalb des Nationalstaats für die Interessenartikulation und -repräsentation der Verbände vor allem die Institutionen der Parteiendemokratie (Parlament und Fraktionen), der Kanzler- und der Verhandlungsdemokratie (Kanzleramt, Ministerien, Kommissionen, Netzwerke) – und die später als öffentliches Politikforum zu behandelnde Mediendemokratie – zu nennen. Tatsächlich sind die Verbände hier formell und informell in Verfahren der Politikentscheidung in vielen Politikfeldern direkt eingebunden: in Bundes- und Landesministerien (Hearings, Mitarbeit in Beiräten, informelle Kontakte zur Ministerialbürokratie), im Bundestag und in den Landesparlamenten (informelle Kontakte zu Abgeordneten, loyale Verbandsvertreter als Mandatsträger[1] und damit als Fraktions- und Ausschussmitglieder, Teilnahme an Hearings), in korporatistischen Elitenkartellen, wie dem „Bündnis für Arbeit", in diversen informellen Kommissionen, wie etwa die bekannte Hartz-Kommission, und nicht zuletzt im System der Tarifautonomie (vgl. Sebaldt und Straßner 2004, pp. 143–146; Rudzio 2006, pp. 72–77). In einzelnen Politikfeldern sind dabei langfristig Netzwerke aus Repräsentanten machtvoller Verbände, der Ministerialverwaltung, der Wissenschaft, von Parteiexperten und Spitzenpolitikern als „strategische Allianzen" zur Problembearbeitung entstanden (vgl. Mayntz 1993).

Hinzu kommen internationale Organisationen, herausragend etwa die tripartistische Internationale Arbeitsorganisation, in der Verbände als große Ausnahme in der internationalen Politik, die immer noch von Staaten dominiert ist, als gleichbe-

---

[1] Zwar hat sich die „Verbandsfärbung" des Bundestages im historischen Vergleich abgeschwächt, aber Ende der 1990er Jahre hatten noch immer ca. 10 % der Parlamentarier eine enge Verbandsbindung und 9 % verstanden sich explizit als Sprecher gesellschaftlicher Gruppen (vgl. Ismayr 2001: 53).

rechtigte Akteure eingebunden sind. Vielgestaltig sind das verbandliche Kommunikationsnetz und die formellen wie informellen Einflusskanäle in der EU, die über den bedeutungsarmen Wirtschafts- und Sozialrat in die Kommission, das Europäische Parlament und administrative Netzwerke hineinreichen (vgl. Straßner und Sebaldt 2007; Schuppert 2007). Mit dem singulären Verfahren des Sozialdialogs (vgl. Keller 2008) hat sich darüber hinaus auch in der EU eine Form der Selbststeuerung durch Verbände etabliert.

Die Verbände haben in der Vergangenheit direkte und privilegierte Beziehungen in die politischen Macht- und Entscheidungszentren aufgebaut. Sie gelten daher als „stille Macht" (Leif und Speth 2003), die ihre Anliegen *vorrangig* in direkter und nichtöffentlicher Kommunikation mit Partei-, Parlaments- und Verwaltungseliten artikulieren und machtpolitisch gegenüber Konkurrenzverbänden oder anderen gesellschaftlichen Akteuren durchzusetzen suchen. Die Interaktions- und Kommunikationsprozesse in institutionellen Politikarenen sind erstens meist diskret einer größeren Öffentlichkeit entzogen. Sie stehen in modernen Demokratien zwar unter dem normativen Druck, öffentlich und damit demokratisch kontrollierbar zu sein, faktisch jedoch bleiben sie meist intransparent oder bestenfalls halböffentlich (vgl. Sarcinelli 2009, p. 82; Meyer et al. 2001, p. 279 ff., 286 ff.). Das trifft in besonderem Maße für die Routinen der Tarifautonomie (vgl. Koch-Baumgarten 2007) und für internationale und europäische Willensbildungsprozesse zu, die als „autistisch" gelten (Schuppert 2007, p. 303).

Zweitens folgen sie mehrheitlich (eine Ausnahme bilden etwa die Parlamentsdebatten im Plenum) der Logik von Verhandlungssystemen. Es handelt sich um langfristige Verfahren, in denen Sachargumente ausgetragen, Machtpositionen austariert und gemeinsame Problemlösungen als Kompromiss unterschiedlicher Interessen ausgehandelt werden. Die beteiligten Akteure sind bei allen Interessendivergenzen und Machtkonkurrenzen primär problem- und sachorientiert, pragmatisch und konsensbereit. Die Verhandlungsmacht von Verbänden beruht auf ihrer Organisations- und Konfliktfähigkeit. Darunter sind die Fähigkeiten der Organisation zu verstehen, in ihrer sozialen Gruppe hinreichend personelle (Mitgliedschaft und Mitarbeit) und finanzielle Ressourcen (Beiträge, Spenden) zu mobilisieren sowie potentiell für die politischen Eliten notwendige Leistungen (von Expertise über Wählerstimmen bis zu Investition oder Arbeitsleistung) verweigern zu können. Nichtöffentlichkeit und Verhandlungslogik haben auch das Selbstverständnis der Verbandseliten geprägt, die sich am Leitbild der „lautlosen Effizienz" orientieren und als notwendige „Tugenden" für den politischen Prozess Sachkompetenz, Diskretion und Kontaktfähigkeit ansehen (vgl. Sebaldt 1997, p. 68, 254, 360). Tatsächlich zeigen auch neuere Studien, dass Vorbehalte von Verbandseliten gegenüber Massenmedien und verzerrter, nicht sachgerechter Politikdarstellung vorhanden sind (Zeese 2010, p. 227).

Konflikt- und organisationsstarken Verbänden, darunter traditionell Gewerkschaften, Wirtschafts- und Agrarverbände, kann in Entscheidungsverfahren verschiedener Politikfelder die Position einer Vetomacht zufallen, die den Handlungsrahmen durchsetzungsfähiger Politikprogramme der politischen Eliten absteckt. Diese „stille" Einflussmacht von Verbänden, die binnendemokratisch nicht hinreichend legitimiert, ohne Mandat des Souveräns und auch nicht für politische Entscheidungen zur Verantwortung zu ziehen sind, wird seit jeher wissenschaftlich als Demokratieproblem kritisiert. Darüber hinaus wird eine Gefährdung des Allgemeinwohls durch übermächtige Partikularinteressen problematisiert, wenn wenige Großverbände verhindern können, dass relevante, aber weniger durchsetzungsstarke, nicht organisierte oder Zukunftsinteressen in der Politikentscheidung berücksichtigt werden. In dieser kritischen Perspektive zählen Verbände national und international zu exklusiven, traditionellen, demokratisch nicht legitimierten Machtzirkeln und Elitenkartellen, zu einem „iron triangle" of bureaucrats, interest groups and legislators (Nye und Keohane 2000, p. 36).

Nichtöffentliche Politikarenen werden wissenschaftlich aber auch positiv bewertet, als notwendiger Raum für sachliche und effiziente Politikgestaltung gedeutet, weil ohne öffentlichen Druck und Aufgeregtheiten ergebnisoffen diskutiert und verhandelt werden kann und notwendige Kompromisse geschlossen bzw. unpopuläre Entscheidungen getroffen werden können. Nichtöffentliche Räume der Politik gelten dann als „strukturelles Korrelat zum umfassenden und permanenten Öffentlichkeitspostulat der Demokratie" (Sarcinelli 2009, p. 72; vgl. Meyer et al. 2001, p. 288).

Allerdings steht die Einflussmacht der Verbände je nach Politikfeld zunehmend unter Konkurrenzdruck anderer nichtstaatlicher Organisationen und eines größeren Spektrums von Interessenorganisationen. Dadurch werden Monopolstellungen einzelner Großverbände, traditionelle „Verbandsherzogtümer" von der Agrar- bis zur Gesundheitspolitik herausgefordert und die Dominanz weniger Einzelverbände, etwa der sogenannten „großen Vier" (vgl. Schmidt 2007, pp. 113–119), im intermediären System aufgebrochen.

3.2.2 Verbände, Öffentlichkeit und Medien

Die Interessenpolitik der Verbände in der Öffentlichkeit ist mit einem noch weiter reichenden Wandel konfrontiert. Öffentlichkeit ist von einer nachgeordneten, den Funktionslogiken des Politischen Systems unterworfenen Kommunikationsarena (vgl. auch die klassischen Ansätze zum Verhältnis von Verbänden und Öffentlichkeit w.u.) zu einem bedeutsamen und unabhängigen Forum der kollektiven Willensbildung und Interessenartikulation geworden. Trotz unterschiedlicher theoretischer Öffentlichkeitsmodelle (vgl. im Überblick Schulz 2008, pp. 114–139; Rhomberg 2009, pp. 62–103) besteht weitgehend wissenschaftlich Konsens, dass Öffentlichkeit heute ein eigenes gesellschaftliches Subsystem darstellt, das spezifischen Funktionslogiken folgt und relativ an Bedeutung gewonnen hat. Öffentlichkeit kann als eigenständiger Diskursraum begriffen werden, in dem plurale staatliche und nichtstaatliche Akteure politische Streitfragen vor einem disparaten und unorganisierten Publikum austragen (vgl. Gerhards und Neidhardt 1990, Gerhards 1993). In der Öffentlichkeit werden zwar keine verbindlichen Entscheidungen getroffen, aber die allgemeingültige Regelsetzung staatlicher Institutionen wird hier im Diskurs *vor*bereitet, in dem gesellschaftliche Interessen, Situationsdeutungen, Problemdefinitionen und Lösungsvorschläge öffentlich artikuliert, repräsentiert und legitimiert werden, und *nach*bereitet, indem Politikentscheidungen des Regierungssystems diskutiert und bewertet werden. In der Öffentlichkeit findet eine rhetorische Meinungsbildung, ein semantischer Kampf um Deutungshoheit, um die Besetzung von Themen, die Rechtfertigung von Interessen und politischen Forderungen vor einem „Laienpublikum" statt. Die Politikgestaltung wird schließlich indirekt durch die herausgebildete „öffentliche Meinung" beeinflusst, welche die Grenzen für politische Problemlösungen – und damit auch die Forderungen von Verbänden – vermisst, die als öffentlich akzeptabel angesehen werden (vgl. Franz 2000, p. 118, 235). Neben die Vetoposition von Verbänden in politischen Institutionen und Verfahren tritt eine neue Vetoposition der Öffentlichkeit, die beide den Rahmen für Politikoptionen begrenzen.

Öffentlichkeit wird zunehmend von Massenmedien dominiert, die sowohl Präsenzöffentlichkeiten als auch eigene Medien politischer Akteure (darunter die Partei- und Verbandspresse) verdrängen. Bereits Niklas Luhmann hat in seinem vielzitierten Satz: „Was wir über unsere Gesellschaft, ja über die Welt, in der wir leben, wissen, wissen wir durch die Massenmedien" (Luhmann 1995, p. 5) das neue Informations- und Kommunikationsmonopol der Massenmedien auf den Punkt gebracht. „Massenmedien sind das Forum schlechthin, in dem – wie verzerrt oder authentisch auch immer – Stimmungen und Meinungen, Wünsche und Forderungen, Appelle und Drohungen, Argumente und Gegenargumente wiedergegeben werden, in dem sich politische Akteure wechselseitig beobachten und kommentieren, hinsichtlich ihrer Allianzfähigkeit und Konfliktbereitschaft taxieren sowie die Resonanzen auf ihr Tun abzuschätzen suchen" (Rucht 2007, p. 25).

Massenmedien sind dabei keinesfalls nur „Spiegel" veröffentlichter Positionen der politischen Akteure und quasi ‚Dienstleister' für das Politische System, die dessen Bedarf an pluraler, sachlicher und „objektiver" Information erfüllen. Sie sind seit der Dualisierung des bundesdeutschen Mediensystems Mitte der 1980er Jahre vom politischen System „entkoppelt" und mit dem Wirtschaftssystem „verkoppelt", an dessen ökonomische Funktionsregeln (nämlich Maximierung von Zuschaueranteilen und Werbeeinnahmen) angepasst (Rhomberg 2009, p. 107; Jarren et al. 2007a, p. 12). Im öffentlichen Diskurs sind Medien eigenständige Akteure mit Einfluss- und Gestaltungsmacht: Sie „konstruieren" Realität, indem sie aus der Vielzahl politischer Ereignisse, Akteure, Verfahren und Meinungsäußerungen für die Veröffentlichung auswählen, u.z. entsprechend medialer Selektionskriterien, die sich nicht auf inhaltliche Substanz oder politische Relevanz eines Ereignisses, sondern auf die Darstellbarkeit und den Nachrichtenwert beziehen. Nachrichtenwert haben politische Themen und Ereignisse, die aktuell, neu, eher negativ, konfliktträchtig, prominent, visualisierbar und personalisierbar sind und dem Geschmack bzw. Unterhaltungsbedürfnissen eines Massenpublikums entsprechen. Medien entscheiden damit darüber, welche politischen Forderungen oder Problemlösungen sie präsentieren oder dethematisieren, durch die Einbindung in übergreifende Deutungskontexte (sogenannte *frames)* positiv oder negativ bewerten, welchen politischen Akteur sie stützen, ob sie einen politischen Konflikt entsprechend massenmedialer Aufmerksamkeitsregeln skandalisieren (vgl.u. a. Meyer 2001, 2002; Rucht 2007, p. 21 f.). In der Mediengesellschaft werden politische zu „publizistischen Konflikten", in denen politische Kontrahenten, wie Verbände und Gegenverbände oder Verbände und Regierungs- und Parteivertreter, ihre Auseinandersetzung über die Massenmedien austragen. Publizistische Konflikte sind massenmedial „verzerrte" Auseinandersetzungen, gekennzeichnet von einer „Vermischung von berechtigten mit unberechtigten Vorwürfen […], der unzulässigen Verkürzung von Problemen, der einseitigen Darstellung von Motiven, Ereignissen und Folgen sowie der Moralisierung von Entscheidungen in Konfliktlagern" (Kepplinger 2009, p. 9).

Die Folgen für die Politik und die Außenkommunikation der Verbände sind gravierend. Erstens sind den vormals im intermediären System neben den Parteien dominanten Verbänden in den Medien mächtige Einflusskontrahenten erwachsen. In der Bürgerschaft, deren durchschnittlicher Medienkonsum seit Jahren erheblich gestiegen ist, werden politische Probleme, Konflikte, Ereignisse und Akteure zunehmend vermittelt und ‚vorgedeutet' über die Medien und weniger aus eigener Anschauung oder in direkter Kommunikation mit den politischen Akteuren, also auch den Verbänden, wahrgenommen. Medien beeinflussen insbesondere die Themenpräferenzen des Publikums, darin eingeschlossen auch der von Verbänden repräsentierten sozialen Gruppen; als wichtig wird angesehen, was auf der Medienagenda als bedeutsam behandelt wird. Auch die politischen Eliten informieren sich nicht mehr vorrangig über direkte Kontakte zu Verbänden, Wahlkreisen und

Parteigruppierungen über gesellschaftliche Problemdefinitionen, Politikpräferenzen in der Bürgerschaft, ihnen gilt die in den Medien „veröffentlichte" Meinung als öffentliche Meinung. Medien werden von Politikern unter den Bedingungen „unvollkommener Information" als „Ersatzindikator" der Stimmungslage in der Wählerschaft bzw. als „Ersatzmessung der politischen Bedürfnispräferenzen der Gesellschaft" benutzt (Gerhards 1993, p. 26 f., 57). Da zugleich die Bereitschaft politischer Eliten zugenommen hat, auf die öffentliche Meinung zu reagieren und die Aufmerksamkeitsregeln der Medien zunehmend zu adoptieren (vgl. Steiner und Jarren 2009, p. 51), beeinflusst die mediale Politikdarstellung indirekt die Themenprioritäten der politischen Agenda und die Grenzen öffentlich tolerabler Politikoptionen. Sie kann als antizipierte Bürgermeinung auch Wirkung in nichtöffentlichen Politikverfahren und damit auf die Politikentscheidung und Gesetzgebung entfalten (vgl. Meyer et al. 2001, p. 288; vgl. dazu übergreifend Voltmer 2007; Koch-Baumgarten und Voltmer 2009). Anders formuliert: mediale und nicht-mediale Aktivitäten werden in der politischen Kommunikation der Mediengesellschaft vermischt, verwoben, symbiotisch verschränkt (Schulz 2008, p. 35 f.).

Zweitens wird damit auch die Artikulation und Repräsentation von Verbandsanliegen in der Medienöffentlichkeit gegenüber der „stillen" Einflussnahme in Institutionen *relativ* wichtiger. Für die machtpolitische Durchsetzung der Verbandsinteressen sind nicht mehr nur Organisations- und Konfliktfähigkeit, sondern darüber hinaus auch „Resonanzfähigkeit" (Rucht 2007, p. 29) grundlegend. Darunter ist die Fähigkeit einer Interessengruppe zu verstehen, ihren Anliegen auch in der Öffentlichkeit und den Medien Gehör zu verschaffen, ihre Themen, Situationsdeutungen und politischen Forderungen in den Medien zu platzieren und öffentliche Unterstützung zu mobilisieren. Zusätzlich zur institutionellen Einflussmacht über „privilegierte" Beziehungen zu politischen Entscheidungsträgern müssen Verbände über „kommunikative Macht" (Meyer et al. 2001, p. 279), „diskursive Macht" (Koch-Baumgarten und Voltmer 2009, p. 305 f.) verfügen, um politisch erfolgreich zu sein. Angenommen wird heute, dass eine mediale Präsenz von Verbänden ihren Zugang zu politischen Eliten erleichtern und ihre Attraktivität erhöhen kann (Preusse und Zielmann 2010, p. 344; Hoffjann 2010, p. 68, 71). Öffentliche und institutionelle Handlungsarenen gelten als symbiotisch verflochten.

In einer neuen historischen Fallstudie zu Medien im Tarifkonflikt konnte etwa aufgezeigt werden, dass Journalisten im Streik eine wichtige Rolle nicht nur als Gatekeeper spielten, die darüber entschieden, welche Akteurspositionen in welcher Form veröffentlicht wurden. Sie trugen darüber hinaus durch Verkürzungen, Priorisierungen und Skandalisierungen und eigene Deutungsmuster zur Legitimierung bzw. Delegitimierung der Positionen der Konfliktparteien bei und begrenzten deren Handlungsoptionen. Massenmedien steckten die „Möglichkeitsräume" für öffentlich legitimierbare Problemlösungen bzw. Handlungsstrategien der politischen Akteure ab (Koch-Baumgarten 2013, p. 185 ff., pp. 191–8; vgl. auch Meyer et al. 2001, p. 23 f.).

Folgerichtig haben die Verbände ihre Öffentlichkeitsarbeit seit den 1990er Jahren professionalisiert und modernisiert. Dazu gehört sowohl eine zunehmende Beanspruchung externer PR-Agenturen und Public Affairs Berater als auch ein systematischer Ausbau der Beziehungen zu den Massenmedien (vgl. Hackenbroch 1998; Steiner und Jarren 2009, p. 253). In der Rangliste der bedeutendsten Routinekontakte der Verbandseliten haben die Medien bereits länger nach den Bundesministerien den zweiten Platz eingenommen. Sie waren damit wichtiger als etwa die klassischen Lobby-Kontakte zu Parlamentariern (vgl. Sebaldt 1997, p. 254; Sebaldt und Straßner 2004, p. 153). Laut neueren Studien sind die Medien im Ranking der wichtigsten Verbandskontakte sogar noch vom zweiten auf den ersten Platz vorgerückt (Schütte 2010, p. 161). Bislang galten in der Forschung die „Mitgliederlogik" und die „Einflusslogik" als grundlegend für das Handeln von Verbandseliten (vgl. dazu Schmitter und Streeck 1981). Sie müssen sich für eine erfolgreiche Verbandspolitik zum einen an den Mitgliederinteressen orientieren, zum anderen aber auch die Regeln, die Machtverhältnisse in politischer Institutionen, die Interessen beteiligter Akteure berücksichtigen. Die „Medienlogik" wird nun zum zusätzlichen Orientierungspunkt für Verbände, um auch in der medialen Öffentlichkeit präsent zu sein und die Durchsetzungschancen zu erhöhen (Meyer 2001, 2002, vgl. ferner w.u.).

Der Zugang der Verbände zu den Massenmedien ist dennoch drittens seit der Ökonomisierung und Dualisierung des Mediensystems erschwert; es ist sperriger für Verbandsbotschaften, auch der einflussstarken Großorganisationen, geworden. Traditionell konnten diese ihre Anliegen über ihre institutionelle Einbindung in die Kontrollgremien der öffentlich-rechtlichen Rundfunkanstalten und über direkte Verbindungen zu parteipolitisch und ideologisch nahestehenden Printmedien bzw. Sendeanstalten relativ leicht auf die Medienagenda setzen (vgl. Rhomberg 2009, p. 107). Heute muss Medienaufmerksamkeit generell und nicht nur bei den privaten Sendeanstalten durch „Virtuosität in der Erzeugung von Publizität" und „kommunikativer Dethematisierung und Diskretion" (Sarcinelli und Schatz 2002, p. 13 ff.; vgl. Arlt 1998, p. 175) erarbeitet werden. D.h. Verbände müssen sich systematisch darum bemühen, die eigene Organisation, ihre langfristigen Ziele, Wertorientierungen und konkreten Forderungen sowohl in Zeitungsartikeln als auch in Talkshows ins Gespräch zu bringen, positiv zu *framen* (vgl. beispielhaft Koch-Baumgarten 2013) und gleichzeitig den Einfluss von Gegeninteressen zu konterkarieren, Einflusskontrahenten zu diskreditieren und ‚störende' Themen aus den Medien herauszuhalten. Allerdings bleibt unsicher, wie die Verbandsbotschaften in den Medien dargestellt werden bzw. inwiefern Verbände überhaupt Zugang zur Medienagenda haben. Wie erwähnt sind Verbände in der Medienberichterstattung, im Vergleich zu anderen etablierten Akteuren des Politischen Systems, relativ stark unterrepräsentiert (vgl. Hackenbroch 1998, p. 214). Medien sind für Verbände insgesamt unberechenbar (Terkildsen et al. 2008, p. 431).

Empirische Untersuchungen haben gezeigt, dass im Politikalltag bzw. in der Latenz- und Etablierungsphase publizistischer Konflikte die Pressemitteilungen der Verbände von den Massenmedien überwiegend unverändert übernommen werden. Das ändert sich allerdings nach dem Ausbruch eines publizistischen Konflikts, der identisch ist mit einer besonders dichten, intensiven und kontroversen Phase medialer Berichterstattung, in der sich entscheidet, „in welche Richtung sich die öffentliche Meinung und in ihrem Gefolge das Verhalten von Menschen bewegt" (Kepplinger 2009, p. 7). In dieser „Kulminierungsphase" des Konflikts entwickeln Massenmedien eigene Situationsdeutungen und -bewertungen, die sich gegen einen Verband und seine Forderungen wenden können. Dadurch verringern sich die Einflussmöglichkeiten eigener verbandlicher Öffentlichkeitsarbeit in Konflikten mit hohem Nachrichtenwert (vgl. Schulz 2008, p. 311). Das war historisch im Streik um Lohnfortzahlung im Krankheitsfall 1956/57 schon genauso der Fall wie in der Tarifauseinandersetzung in der ostdeutschen Metallindustrie 2003. In den 1950er Jahren standen beide Tarifakteure, die lange Dauer des Konflikts und der Bruch des „sozialen Friedens" in der Kritik der Journalisten (Koch-Baumgarten 2013). Im Wettbewerbs- und Modernisierungsdiskurs des Jahres 2003 skandalisierten die Medien ausnahmslos den Streik der Gewerkschaften, delegitimierten ihre Positionen und Elite und trugen damit zur Verengung der gewerkschaftlichen Handlungschancen und zur Streikniederlage bei (vgl. Koch-Baumgarten 2007, pp. 150–153). Auch in der bundesdeutschen Abtreibungsdebatte der 1980er Jahre wurde der überwiegende Teil der Frames, d. h. der „central organizing idea or story that provides meaning", nicht von den politischen Akteuren, sondern von den Medien geprägt. Diese haben darüber das Gewicht von Einzelakteuren im öffentlichen Diskurs verzerrt, in dem die Kirchen in der Mediendarstellung aufgewertet und die realpolitisch deutlich wichtigere feministische Bewegung abgewertet wurde (Terkildsen et al. 2008, p. 442 f., Zitat, p. 432; Schulz 2008, p. 310 f.).

Viertens hat sich dadurch auch die Öffentlichkeitsarbeit der Verbände zur strategischen Kommunikation politischer Interessen gewandelt. Es ist bereits darauf hingewiesen worden, dass sie quantitativ ausgeweitet, professionalisiert und dem neuen Medienumfeld und der Medienlogik angepasst worden ist. Immer mehr werden auch Kommunikationsaktivitäten an externe Dienstleister, PR-Agenturen und Public Affairs-Berater, ausgelagert (vgl. Steiner und Jarren 2009, p. 253). Diese wiederum tragen dazu bei, die Medienlogik in das verbandliche Kommunikationsmanagement und in Entscheidungsverfahren zu importieren und zu verreitern. Dennoch treten insgesamt zu den klassischen Instrumenten der Öffentlichkeitsarbeit, darunter Pressekonferenzen, Pressemitteilungen, Flugblätter, Plakate, bezahlte Werbung, Informations-, Protestversammlungen und Informationsstände, neue Formen der Inszenierung von speziell für die Massenmedien konzipierten Ereignissen und Kampagnen. Dazu gehören etwa symbolische, spektakuläre, konflikthafte und zugespitzte Aktionen (z. B. Normverstöße, Boykottaktionen, Besetzungen, Preisverleihungen), die geeignet sind, Medienaufmerksamkeit zu erringen (vgl. Vowe 2007, p. 471; Wessels 2003, p. 324). Als Beispiel können nicht nur die vielen von Greenpeace perfekt inszenierten symbolischen Konflikteskalationen in der Umweltpolitik gelten (vgl. Baringhorst 1998b). Auch die Arbeitgeber inszenierten im bereits erwähnten Tarifkonflikt 2003 ein symbolisches Medienereignis, als sie Arbeitswillige per Hubschrauber in bestreikte Betriebe einfliegen ließen (vgl. Koch-Baumgarten 2007, p. 151). Und bereits 1956 inszenierten die Arbeitgeber eine Pseudo-Urabstimmung in einem gewerkschaftlich nur schwach organisierten Betrieb, um mit der Dokumentation einer geringen Streikbereitschaft der Belegschaft den gerade begonnenen Arbeitskampf öffentlichkeitswirksam zu delegitimieren (Koch-Baumgarten 2013, p. 68).

Es ist wissenschaftlich umstritten, wie weit die Öffentlichkeitsarbeit von Verbänden medialisiert und den Nachrichtenwerten bzw. Funktionsregeln des Mediensystems angepasst worden ist. Die weitestgehende Interpretation geht von einer „Kolonisierung" des Politischen Systems und der Public Relations der politischen Akteure durch die Medienregeln aus. Eine sachbezogene, argumentative, rationale, der Komplexität politischer Verfahren und Entscheidungen angemessene Öffentlichkeitsarbeit werde damit weitgehend durch emotionalisierte, entsachlichte, simplifizierende, dramatisierende, auf Publikumswirkung bedachte Darstellungsformen ersetzt. Zudem hätten sich die Public-Relations-Abteilungen der Verbände zu wichtigen innerorganisatorischen Einflussgruppen entwickelt, die auch in der Binnenkommunikation der Verbände dominierten. Nicht zuletzt sollen sich auch die Selektionskriterien für die Rekrutierung politischen Führungspersonals in Verbänden angepasst haben, so dass Medienkompetenz bzw. Mediencharisma grundlegend für eine Verbandskarriere werden (vgl. Meyer 2001, 2002).

Allerdings lassen sich gegen diese Interpretation einige Einwände formulieren. In neuen Umfragen ist etwa herausgearbeitet worden, dass nur knapp 11 % der Öffentlichkeitsabteilungen der befragten Verbände über eine selbständige Entscheidungskompetenz verfügen (Schütte 2010, p. 170). Das spricht gegen eine starke Machtposition der Kommunikationsspezialisten in den Verbänden und gegen einen übergreifenden Siegeszug der Medienlogik im verbandlichen Kommunikationsmanagement. Überzeugender ist die Diagnose, dass „personale und massenkommunikative Persuasionsstrategien" oder bargaining und campaigning systematisch verschränkt werden (Hoffjann 2010, p. 68, 70 ff.), öffentliche und institutionelle Handlungsarenen der Verbände miteinander verflochten sind.

Zudem trifft der geschilderte Befund bislang nur für einzelne, im vielgestaltigen Verbandsspektrum nicht repräsentative Organisationen wie die internationale Umweltorganisation Greenpeace zu. Greenpeace ist als moralisches Unternehmen und nicht als Mitgliedsverband organisiert und agiert international. Seine Politik*darstellung* spielt effizient auf der „Klaviatur der internationalen öffentlichen Meinung" und seine Politik*herstellung* ist auf bislang einzigartige Weise mit dem Mediensystem verflochten. Die Öffentlichkeitsarbeit von Greenpeace zielt auf eine exklusiv über Massenmedien vermittelte „Persuasion eines Massenpublikums" und damit indirekte Entfaltung öffentlichen Drucks auf die politischen Eliten. Sie ist dem medialen Code, seinen Unterhaltungs-, Visualisierungs- und Konfliktbedürfnissen, perfekt angepasst und von Medien- und Werbungsexperten nach Marketingkonzepten entworfen (vgl. Baringhorst 1998b).

Auf der anderen Seite stehen die Gewerkschaften, deren Öffentlichkeitsabteilungen auch in der Mediengesellschaft meist finanziell sowie personell unterausgestattet sind, die inhaltlich nicht autonom agieren, sondern hierarchisch eingebunden sind und exekutiven Vorgaben der Gewerkschaftsspitze bzw. bürokratischen Restriktionen unterworfen bleiben. Aufgrund der hierarchischen Binnenstrukturen einerseits und des innerverbandlichen Grundwerte- und Politikkonsenses andererseits gilt es als ausgeschlossen, dass sich „so etwas wie eine PR-orientierte Entscheidungslogik" oder auch nur eine medienzentrierte Öffentlichkeitsarbeit etablieren kann. Der gewerkschaftlichen Politikdarstellung wird attestiert, sich in ihren Inhalten, Symbolformen, „repetitiven" Dramaturgien weder medialisiert noch wesentlich modernisiert und nur partiell professionalisiert zu haben (Arlt 1998: passim, Zitat, p. 206; ders./Jarren 2002, p. 195).

Insofern muss bei der Betrachtung der medieninduzierten Veränderungen der verbandlichen Außenkommunikation differenziert werden. Sie variiert erstens wie gezeigt nach Verbandstyp, -ideologie und Ressourcen, wie z. B. der finanziellen oder personellen Ausstattung. Zweitens spielen die institutionellen Einflusskanäle eine Rolle. Ohne privilegierte Beziehungen zu den politischen Eliten und ohne Einbindung in die politischen Institutionen sind Verbände gezwungen, ihre Außenkommunikation auf die Massenmedien zu spezialisieren, da es ihre einzige Chance ist, ihre Themen, Situationsdeutungen und Problemlösungen auf die politische Agenda zu setzen und Einfluss auf die politische Regelsetzung nehmen zu können (vgl. Weber 1976, p. 204; Hackenbroch 1998, p. 57, 220; Gerhards 1993, p. 37). Neue, noch nicht in Politiknetzwerke eingebundene Akteure ohne direkten Zugang zum politischen Entscheidungsprozess tendieren insofern zu *going-public-*

Strategien. Umgekehrt ist eine medienvermittelte Außenkommunikation und die damit verbundene Transparenz bzw. Öffentlichkeit von Verfahren für Verbands- und politische Eliten in kooperativen Netzwerken und Elitenkartellen eher kontraproduktiv, da mit den Medien ein zusätzlicher Akteur und unberechenbare Risiken für die Kompromissbildung in die Verhandlungen eingespielter und kooperativer Partner einbezogen würde und bestehende vertraulich-persönliche Kontakte gefährdet werden könnten. Insofern werden Öffentlichkeitsstrategien sorgsam überdacht und nur als letztes Mittel eingesetzt. Nicht umsonst gehört zur Außenkommunikation politischer Eliten auch die „Kunst des Nichtssagens" gegenüber den Medien (von Beyme 1997, p. 83; vgl. ferner Jarren und Donges 2006, p. 134; Sebaldt 2002, p. 90).

Adrian Steiner und Otfried Jarren (2009, pp. 260–264) haben drittens auf die Bedeutung der Komplexität der Organisationsumwelt für die massenmedial vermittelte Außenkommunikation intermediärer Organisationen hingewiesen. Mit der Vielfalt und Heterogenität der Einflusskontexte wächst auch die Notwendigkeit für Verbände, verschiedene Wege der Interessenvermittlung zu kombinieren, also auch den Weg über die Massenmedien zu suchen. Diese pluralen Organisationsumwelten der Verbände suchen viertens policyanalytische Ansätze auszuleuchten, die Politikfeldern eine unterschiedliche ‚Anfälligkeit' für Medieneinflüsse – und vermittelt darüber auch Bedeutung für eine massenmedial vermittelte Außenkommunikation – attestieren. Denn Politikfelder bilden faktisch differente Handlungskontexte mit policyspezifischen Eigenheiten aus: Akteurskonstellationen, Institutionengefüge und Entscheidungsebenen, Interessenstrukturen, Verhandlungskulturen, Politikinhalte und involvierte Öffentlichkeiten sind unterschiedlich. Bereits von Beyme (1994) hat darauf verwiesen, dass sich Medieneinflüsse – und damit vermittelt die Bedeutung der Medien für die Verbandspolitik – auf „moralische", „innovative" und konfliktorische Politikfelder konzentrieren. Andere internationale, empirische Untersuchungen haben eine Reihe von Faktoren identifiziert, die Medieneinflüsse in Politikfeldern begünstigen, darunter Elitendissens, Fragmentierung von Diskursen und Akteurskonstellationen, Krisensituationen und Konflikte, die Kompatibilität des Politikinhalts mit den medialen Nachrichtenfaktoren (vgl. Koch-Baumgarten und Mez 2007; Koch-Baumgarten und Voltmer 2010b; Voltmer und Koch-Baumgarten 2010). Nicht zuletzt macht es einen Unterschied, ob im Politikfeld die nationale oder internationale Handlungsebene entscheidend ist, wenn beispielsweise in der EU eine transnationale Öffentlichkeit gar nicht existent und Politikverfahren „autistisch" sind (siehe Unterpunkt 2.2.1).

Verbände und Medien in der wissenschaftlichen Kontroverse 4

Die Reichweite des beschriebenen Wandels im intermediären Kommunikationssystem bzw. die konkrete Ausgestaltung des Beziehungsgeflechts von Verbänden, Medien, Öffentlichkeit und Politik ist Gegenstand wissenschaftlicher Kontroversen. Es lassen sich drei Literaturpositionen unterscheiden, die eng mit den drei vorherrschenden Interpretationsparadigmen zum Verhältnis von Medien und Politik verknüpft sind (vgl. Sarcinelli 1994, p. 39; Alemann 2001, pp. 468–83).

Erstens geht ein *klassisch-instrumenteller Ansatz* der Verbändeforschung (vgl. Weber 1976), der noch vor dem Hintergrund eines souveränen nationalstaatlichen Steuerungsstaates entstanden ist, davon aus, dass Verbände neben den Parteien die zentralen intermediären Organisationen sind, die die Politikvermittlung zwischen Staat und Gesellschaft monopolisieren. Sie tun dies vorrangig über direkte Beziehungen zu politischen Entscheidungsträgern und die Einbindung in institutionelle, d. h. nicht-öffentliche und intransparente Politikverfahren. Die Medien werden im doppelten Sinne als nachgeordnet betrachtet: Sie spielen als intermediäre Einflusskontrahenten keine Rolle, weil sie nicht als autonome Akteure in der Politikvermittlung, sondern als ein Forum für die kollektive Willensbildung, als ein „Spiegel" öffentlicher und veröffentlichter Meinung angesehen werden. Im Sinne des Vierte-Gewalt-Paradigmas erbringen Medien in dieser Lesart Dienstleistungen für das Politische System, dessen Bedarf an pluraler, sachlicher und „objektiver" Information und zusätzlicher Kontrolle gegen Machtmissbrauch sie erfüllen. Insofern werden die Medien von den Verbänden als ergänzende Machtressource instrumentalisiert, als *ultima ratio* für eigene Mobilisierungs- und Legitimationsinteressen genutzt – und zwar nur dann, wenn die direkten institutionellen Einflusskanäle verstopft oder gar nicht erst verfügbar sind. Verbände bleiben „stille Macht", die ihre Anliegen durch leises Anklopfen in den Ministerien machtpolitisch durchsetzen und die sich mit einer manipulativen Öffentlichkeitsarbeit „der kritischen Betrachtung des Journalisten" und damit öffentlicher Rechtfertigung entziehen können (Weber 1976, p. 202 f.).

S. Koch-Baumgarten, *Verbände zwischen Öffentlichkeit, Medien und Politik*, essentials, 23
DOI 10.1007/978-3-658-03871-7_4, © Springer Fachmedien Wiesbaden 2014

Auf dem entgegengesetzten Pol steht der *mediokratische Ansatz* (v. a. Meyer 2001), der den Medien als autonomen und vom Politischen System unabhängigen Akteuren erheblichen Einfluss auf die Politikgestaltung insgesamt einräumt. Hier sind es omnipräsente Massenmedien, die das intermediäre System monopolisieren und die zentrale Rolle der Verbände bei der Vermittlung gesellschaftlicher Interessen an politische Entscheidungsträger, bei der Thematisierung, Bearbeitung und Lösung politischer Probleme in Regierung und Parlament übernommen haben. Institutionelle und medienöffentliche Politikarenen sind symbiotisch verflochten; auch die langfristigen, sachbezogenen institutionellen Politikarenen werden von der Funktionslogik des Mediensystems „kolonisiert". Nicht mehr Verbandseliten und Regierungsvertreter bilden das informelle Entscheidungszentrum in der Mediendemokratie, sondern Spitzenpolitiker und Medieneliten. Politische Akteure, darunter auch die Verbände, stehen unter dem Druck, ihre Programmatik, ihre Personalrekrutierung, ihre Binnen- und Außenkommunikation den Regeln des Mediensystems anzupassen. „Das intermediäre System wurde vom Tempo der Medienzeit sang- und klanglos abgehängt, während sich ihm die exekutiven Spitzenakteure in atemberaubenden Volten anpassten, um nicht die Chance der Mitwirkung an der Art und Weise der medialen Präsentation ihrer Projekte und damit an deren nachhaltiger Wirkung in der Öffentlichkeit zu verspielen. […] Welche Themen auf den Tisch kommen, welcher Politiker Aufstiegschancen hat, wer die Führung übernimmt und wie groß seine Spielräume zur Definition seiner Politik sind gegenüber der eigenen Partei, den Kontrahenten und gegenüber der Öffentlichkeit – das wird durch mediale Vermittelbarkeit und Mediencharisma mit entschieden." (Meyer 2002, p. 11 f.; Jarren 1994, 1998, p. 86). Das Konzept der Mediokratie ist als überzogen kritisiert und relativiert worden (u. a. Sarcinelli 2004); gerade Verbände erweisen sich darin als „widerspenstig" (Koch-Baumgarten 2004).

Der dritte Ansatz der *Medialisierung* oder *Symbiose* geht daher, genauso wie der vorliegende Artikel, von einem nur relativen Bedeutungsgewinn der Medien gegenüber den Verbänden im intermediären System aus (etwa Jarren et al. 2007b, p. 12; Rucht 2007). Verbände bleiben als stille Macht einflussreich in institutionellen Politikarenen. Sie können noch immer Themen durch „leises Anklopfen" in den Ministerien, durch Mobilisierung von Netzwerk- und Parteikontakten *direkt* auf die politische Agenda setzen. Für mehr als 40 % der Ministerialbürokratie gelten Verbandsvertreter noch immer als die wichtigsten Ansprechpartner. Auch bei den Parlamentariern rangieren Verbandskontakte in der Prioritätenliste an dritter Stelle – nach Kontakten zu Parteifreunden und Ministerialbeamten, aber vor Medienkontakten (vgl. Ismayr 2001, p. 87). Dennoch müssen Verbände, um durchsetzungsfähig zu sein, zunehmend nicht nur organisations- und konfliktfähig, sondern auch resonanzfähig sein. Mit der Heterogenität der Einflusskontexte haben sich auch die Einflusslogiken pluralisiert, die von den Verbänden „ebenso vielfältige Kommunikationsinstrumente wie ein flexibles und koordiniertes Kommunikationsmanagement" verlangen. Neue Untersuchungen verweisen auf die „Multireferenz" verbandlicher Kommunikationsanstrengungen (Hoffjann 2010, p. 72). Verbände sehen in der Medienöffentlichkeit eine zusätzliche Option der Interessenvermittlung, „die nicht genutzt werden muss, aber kann" (Steiner und Jarren 2009, p. 253, 264). Gezielte Partnerschaften mit den Medien werden gesucht, ohne dauerhaft auf den „medialisierten Kommunikationskanal" zurück zu greifen (Sebaldt und Straßner 2004, p. 172). Schließlich variiert das relative Gewicht von Verbänden und Medien im intermediären System nach Politikfeldern (vgl. Koch-Baumgarten und Voltmer 2009) und muss in den je spezifischen Ausprägungen weiter empirisch beforscht werden.

Literatur

von Alemann, Ulrich. 2001. Parteien und Medien. In *Parteiendemokratie in Deutschland, 2.,* akt. u. erw Aufl. Hrsg. Oskar W. Gabriel, Oskar Niedermayer, und Richard Stöss, 467–83. Bonn.

von Alemann, Ulrich und Florian Eckert. 2006. Lobbyismus als Schattenpolitik. *Aus Politik und Zeitgeschichte* 15–16:3–10.

von Alemann, Ulrich und Stefan Marschall. 2002. Parteien in der Mediendemokratie – Medien in der Parteiendemokratie. In *Parteien in der Mediendemokratie,* Hrsg. von Alemann, Ulrich und Stefan Marschall, 15–41. Wiesbaden.

Arlt, Hans-Jürgen. 1998. *Kommunikation, Öffentlichkeit, Öffentlichkeitsarbeit. PR von gestern, PR für morgen – Das Beispiel Gewerkschaft.* Opladen, Wiesbaden.

Arlt, Hans-Jürgen. 2010. Verbandsführung und Öffentlichkeitsarbeit. In Hrsg. Olaf Hoffjann und Roland Stahl, 95–180. (2010a).

Arlt, Hans-Jürgen, und Otfried Jarren. 2002. Abwehrkünstler am Werk. Über die Kampagnenfähigkeit des DGB. In *PR-Kampagnen. Über die Inszenierung von Öffentlichkeit,* 2. überarb. u. erg. Aufl. Hrsg. Ulrike Röttger, 183–203. Wiesbaden. (2002).

Baringhorst, Sigrid. 1998a. *Politik als Kampagne. Zur medialen Erzeugung von Solidarität.* Opladen.

Baringhorst, Sigrid. 1998b. Zur Mediatisierung des politischen Protests. Von der Institutionen- zur „Greenpeace-Demokratie". In Hrsg. Ulrich Sarcinelli, 326–342. (1998a).

Bender, Jens. 2009. Verband 2.0– Chancen zur Mitglieder(ein)bindung im Web 2.0. *Verbändereport* 08:20–23.

Benz, Arthur. 1997. Kooperativer Staat? Gesellschaftliche Einflussnahme auf staatliche Steuerung. In *Politische Beteiligung und Bürgerengagement in Deutschland. Möglichkeiten und Grenzen,* Hrsg. Ansgar Klein und Rainer Schmalz-Bruns, 88–113. Bonn.

Benz, Arthur. 2004. *Governance. Regieren in komplexen Regelsystemen. Eine Einführung.* Wiesbaden.

Berger, Ulrike. 2004. *Organisierte Interessen im Gespräch. Die politische Kommunikation der Wirtschaft.* Frankfurt a.M.

Bergsdorf, Wolfgang. 1980. *Die Vierte Gewalt. Einführung in die politische Massenkommunikation.* Mainz.

von Beyme, Klaus. 1994. Die Massenmedien und die politische Agenda des parlamentarischen Systems. In *Öffentlichkeit, öffentliche Meinung, soziale Bewegungen. Kölner Zeitschrift für Soziologie und Sozialpsychologie. Sonderheft 34,* Hrsg. Friedhelm Neidhardt, 320–336. Opladen.

S. Koch-Baumgarten, *Verbände zwischen Öffentlichkeit, Medien und Politik,* essentials, 27
DOI 10.1007/978-3-658-03871-7, © Springer Fachmedien Wiesbaden 2014

von Beyme, Klaus. 1997. *Der Gesetzgeber. Der Bundestag als Entscheidungszentrum.* Opladen.

Czada, Roland, und Manfred G. Schmidt, Hrsg. 1993. *Verhandlungsdemokratie, Interessenvermittlung, Regierbarkeit. Festschrift für Gerhard Lehmbruch.* Opladen.

Eilders, Christiane. 2004. Fokussierung und Konsonanz im Mediensystem: Zu den Voraussetzungen politischer Medienwirkungen. In *Die Stimme der Medien. Pressekommentare und politische Öffentlichkeit in der Bundesrepublik,* Eilders, Christiane. Hrsg. Neidhardt Friedhelm und Barbara Pfetsch, 196–226. Wiesbaden.

Franz, Barbara. 2000. *Öffentlichkeitsrhetorik. Massenmedialer Diskurs und Bedeutungswandel.* Wiesbaden.

Gerhards, Jürgen. 1991. Die Macht der Massenmedien und die Demokratie: Empirische Befunde, WZB Discussion Paper, Berlin.

Gerhards, Jürgen. 1993. *Neue Konfliktlinien in der Mobilisierung öffentlicher Meinung. Eine Fallstudie.* Opladen.

Gerhards, Jürgen, und Friedhelm Neidhardt. 1990. Strukturen und Funktionen moderner Öffentlichkeit. WZB Discussion Paper, Berlin.

von Gottberg, Harald 1981. *Gewerkschaften und Öffentlichkeit –Eine Untersuchung über die Darstellung und Selbstdarstellung von Gewerkschaften in den Medien.* Berlin.

Hackenbroch, Rolf. 1998. Verbändekommunikation. In *Politische Kommunikation in der demokratischen Gesellschaft. Ein Handbuch mit Lexikonteil,* Hrsg. Otfried Jarren, Ulrich Sarcinelli, und Ulrich Saxer, 482–488. Opladen (u. a.).

Hackenbroch, Rolf. 1999. *Verbände und Massenmedien.* Wiesbaden.

Helms, Ludger. 2005. *Regierungsorganisation und politische Führung in Deutschland.* Wiesbaden.

Hoffjann, Olaf. 2010. Verbandskommunikation und Kommunikationsmanagement: eine systemtheoretische Perspektive. In Hrsg. Ders. und Roland Stahl, 59–80. (2010a).

Hoffjann, Olaf, und Roland Stahl. 2010b. Einleitung. In Hrsg. Dies. Hoffjann, Olaf, und Roland Stahl 9–18. (2010a).

Hoffjann, Olaf, und Roland Stahl, Hrsg. 2010a. *Handbuch Verbandskommunikation.* Wiesbaden.

Ismayr, Wolfgang. 2001. *Der Deutsche Bundestag im politischen System der Bundesrepublik.* 2. überarb. Aufl. Opladen.

Jarren, Otfried. 1994. Medien-Gewinne und Institutionen-Verluste? Zum Wandel des intermediären Systems in der Mediengesellschaft. In Hrsg. Ders. Politische *Kommunikation in Hörfunk und Fernsehen. Elektronische Medien in der Bundesrepublik Deutschland. Gegenwartskunde Sonderheft 8,* 23–34. Opladen.

Jarren, Otfried. 1998. Medien, Mediensystem und politische Öffentlichkeit im Wandel. In Hrsg. Ulrich Sarcinelli, 74–94. (1998a).

Jarren, Otfried, Dominik Lachenmeier, und Adrian Steiner. 2007b. Politische Interessenvermittlung im Wandel. Eine Einleitung, In Hrsg. Dies. Jarren, Otfried, Dominik Lachenmeier, und Adrian Steiner. 7–18. (2007a).

Jarren, Otfried, Dominik Lachenmeier, und Adrian Steiner, Hrsg. 2007a. *Entgrenzte Demokratie. Herausforderungen für die politische Interessenvermittlung.* Baden-Baden.

Keller, Berndt. 2008. *Einführung in die Arbeitspolitik. Arbeitsbeziehungen und Arbeitsmarkt in sozialwissenschaftlicher Perspektive,* 7., völlig überarb. Aufl. München.

Kepplinger, Hans Mathias. 2009. *Publizistische Konflikte und Skandale.* Wiesbaden.

Koch-Baumgarten, Sigrid. 1999. *Gewerkschaftsinternationalismus und die Herausforderung der Globalisierung. Das Beispiel der Internationalen Transportarbeiterföderation (ITF)*. New York: Frankfurt a.M.

Koch-Baumgarten, Sigrid. 2004. Verbände und Medien. „Widerspenstiges" in der Debatte zur Mediendemokratie. In *Mediendemokratie. Eine Einführung*, Hrsg. Peter Massing, 67–93. Schwalbach/Ts.

Koch-Baumgarten, Sigrid. 2005. Zum Verhältnis von Medien und Verbänden in der Mediengesellschaft. Vorläufige Überlegungen. In *Politik – Politische Bildung – Demokratie. Festschrift für Gotthard Breit*, Hrsg. Peter Massing und Klaus-Bernhard Roy, 39–49. Schwalbach/Ts.

Koch-Baumgarten, Sigrid. 2007. Das Ende der Geheimdiplomatie? Zur Medialisierung der Tarifpolitik. In Hrsg. Dies. und Lutz Mez, 143–161. (2007).

Koch-Baumgarten, Sigrid. 2013. *Medien im Tarifkonflikt. Akteurs- und Medienframes im Streik um die Lohnfortzahlung im Krankheitsfall 1956/57*. Berlin.

Koch-Baumgarten, Sigrid, und Lutz Mez, Hrsg. 2007. *Medien und Policy. Neue Machtkonstellationen in ausgewählten Politikfeldern*. Frankfurt a.M. u. a.

Koch-Baumgarten, Sigrid, und Katrin Voltmer. 2009. Policy matters—Medien im politischen Entscheidungsprozess in unterschiedlichen Politikfeldern. In Hrsg. Frank Marcinkowski und Barbara Pfetsch, 299–319. (2009).

Koch-Baumgarten, Sigrid, und Katrin Voltmer, Hrsg. 2010a. *Public policy and the mass media. The interplay of mass communication and political decisionmaking*. London.

Koch-Baumgarten, Sigrid, und Katrin Voltmer. 2010b. Conclusion: The interplay of mass communication and political decisionmaking—policy matters. In Hrsg. Dies. 215–228. (2010a).

Korte, Karl-Rudolf, und Manuel Fröhlich. 2009. *Politik und Regieren in Deutschland. Strukturen, Prozesse, Entscheidungen*, 3., akt. u. überarb. Aufl. Paderborn.

Kriesi, Hanspeter. 2007. Die politische Kommunikation sozialer Bewegungen. In Hrsg. Otfried Jarren, Dominik Lachenmeier, und Adrian Steiner, 145–161. (2007).

Krüger, Christian. 2000. (Hg.): *Greenpeace auf dem Wahrnehmungsmarkt. Studien zur Kommunikationspolitik und Medienresonanz*. Hamburg.

Leif, Thomas, und Rudolf Speth, Hrsg. 2003. *Die stille Macht. Lobbyismus in Deutschland*. Wiesbaden.

Luhmann, Niklas. 1995. *Die Realität der Massenmedien*. Opladen.

Marcinkowski, Frank, und Barbara Pfetsch, Hrsg. 2009. *Politik in der Mediendemokratie*. PVS Sonderheft 42, Wiesbaden.

Massing, Peter. 2006. Die „stille Macht" der Verbände in der Bundesrepublik Deutschland. In *Pluralismus und Demokratie. Interessenverbände, Länderparlamentarismus, Föderalismus, Widerstand. Festschrift für Siegfried Mielke*, Hrsg. Sigrid Koch-Baumgarten und Peter Rütters, 115–138. Köln.

Mayntz, Renate. 1992. (Hrsg.): *Verbände zwischen Mitgliederinteressen und Gemeinwohl*. Gütersloh 1992.

Mayntz, Renate. 1993. Policy-Netzwerke und die Logik von Verhandlungssystemen. In *Policy-Analyse. Kritik und Neuorientierung. PVS-Sonderheft 24*, Hrsg. Arienne Héritier, 39–56. Opladen.

Meyer, Thomas. 2001. *Mediokratie. Die Kolonisierung der Politik durch die Medien*. Frankfurt a.M.

Meyer, Thomas. 2002. Mediokratie – Auf dem Weg in eine andere Demokratie? *Aus Politik und Zeitgeschichte B* 15–16:7–14.

Meyer, Thomas, Christian Schicha, und Carsten Brosda. 2001. *Diskursinszenierungen. Zur Struktur politischer Vermittlungsprozesse am Beispiel der ‚ökologischen Steuerreform'*. Wiesbaden.

Nye, Joseph S. Jr., und Robert O. Keohane 2000. Introduction. In Ders. und John D. Donahue Hrsg.: Governance in a Globalizing World, 1–44. Cambridge, Washington.

Offe, Claus. 1972. Politische Herrschaft und Klassenstrukturen. In *Politikwissenschaft: Eine Einführung in ihre Probleme*, Hrsg. Gisela Kress und Dieter Senghaas. überarb. u. akt., Frankfurt a. M.

Patzelt, Werner J. 2006. Regierung und Parlament. Entscheidungsgewalten in der Mediendemokratie. In (2006): *Regieren und Kommunikation. Meinungsbildung, Entscheidungsfindung und gouvernementales Kommunikationsmanagement – Trends, Vergleiche, Perspektiven*, Hrsg. Klaus Kamps und Jörg-Uwe Nieland, 139–164. Köln.

Preusse, Joachim, und Sarah Zielmann. 2010): Gesellschaftlicher Wandel, Mediengesellschaft und Wirtschaft. Die Kommunikationsaktivitäten bundesweit agierender Interessenverbände der Wirtschaft. In Hrsg. Wolfgang Schroeder und Bernhard Wessels, 298–313. (2010)

Prott, Jürgen. 2003. *Öffentlichkeit und Gewerkschaften. Theoretische Ansätze und empirische Erkenntnisse*. Münster.

Rhomberg, Markus. 2009. *Politische Kommunikation. Eine Einführung für Politikwissenschaftler*. Paderborn.

Rucht, Dieter. 1994. Öffentlichkeit als Mobilisierungsfaktor für soziale Bewegungen. In *Öffentlichkeit, öffentliche Meinung, soziale Bewegungen. Sonderheft Kölner Zeitschrift für Soziologie und Sozialpsychologie*, Hrsg. Friedhelm Neidhardt, 337–358. Wiesbaden.

Rucht, Dieter. 2007. Das intermediäre System politischer Interessenvermittlung. In Hrsg. Ottfried Jarren, Dominik Lachenmeier, und Adrian Steiner, 19–32. (2007).

Rudzio, Wolfgang. 2006. *Das politische System der Bundesrepublik Deutschland*. 7., aktual. u. erw. Aufl. Opladen.

Sarcinelli, Ulrich. 1994. Mediale Politikdarstellung und politisches Handeln: analytische Anmerkungen zu einer notwendigerweise spannungsreichen Beziehung. In *Politische Kommunikation in Hörfunk und Fernsehen. Elektronische Medien in der Bundesrepublik Deutschland. Gegenwartskunde Sonderheft 8*, Hrsg. Otfried Jarren, 35–50. Opladen.

Sarcinelli, Ulrich. 1998a. *Politikvermittlung und Demokratie in der Mediengesellschaft. Beiträge zur politischen Kommunikationskultur*. Bonn.

Sarcinelli, Ulrich. 1998b. Parteien und Politikvermittlung. Von der Parteien- zur Mediendemokratie? In Ders. Hrsg. 273–96. (1998a).

Sarcinelli, Ulrich. 2004. Zur Unterschätzung der Eigenlogik des Politischen: Plädoyer für eine Rekontextualisierung der politischen Kommunikationsforschung. In *Mediengesellschaft: Strukturen, Merkmale, Entwicklungsdynamiken*, Hrsg. Kurt Imhof, Roger Blum, und Otfried Jarren, 400–409. Wiesbaden.

Sarcinelli, Ulrich. 2009. *Politische Kommunikation in Deutschland. Zur Politikvermittlung im demokratischen System*. 2., überarb. u. erw. Aufl. Wiesbaden.

Sarcinelli, Ulrich, und Heribert Schatz. 2002. Von der Parteien zur Mediendemokratie – eine These auf dem Prüfstand. In Hrsg. Dies. *Mediendemokratie im Medienland?* 9–32. Opladen.

Schatz, Heribert. 2008. Regieren in der Mediengesellschaft. Zur Medialisierung von Politik und Verwaltung in der Bundesrepublik Deutschland. In *Regieren zu Beginn des 21. Jahrhundert*, Hrsg. Werner Jann und Klaus König, 127–173. Tübingen.

Schmidt, Manfred G. 2007. *Das politische System Deutschlands: Institutionen, Willensbildung und Politikfelder*. Bonn.

Schmitter, Philippe C., und Wofgang Streeck. 1981. *The organizing of business interests: Studying the associative action of business in advanced industrial societies*. MPIfGf Discussion Paper 13, Köln.

Schroeder, Wolfgang, und Josef Esser. 1999. Das Modell Deutschland. Von der Konzertierten Aktion zum Bündnis für Arbeit. *Aus Politik und Zeitgeschichte B* 37:3–12.

Schroeder, Wolfgang, und Bernhard Wessels, Hrsg. 2010. *Arbeitgeber- und Wirtschaftsverbände in Deutschland. Ein Handbuch*. Wiesbaden.

Schulz, Winfried. 2008. *Politische Kommunikation. Theoretische Ansätze und Ergebnisse empirischer Forschung*, 2., vollst. überarb. u. erw. Aufl. Wiesbaden.

Schuppert, Gunnar F. 2007. Governance as Communication: Das Beispiel von European Governance. In Hrsg. Ottfried Jarren, Dominik Lachenmeier, und Adrian Steiner, 287–308. (2007a).

Schütte, Dagmar. 2010. Strukturen der Kommunikationsarbeit von Verbänden: Empirische Befunde. In Hrsg. Olaf Hoffjann und Roland Stahl, 155–176. (2010a).

Sebaldt, Martin. 1997. *Organisierter Pluralismus. Kräftefeld, Selbstverständnis und politische Arbeit deutscher Interessengruppen*. Opladen.

Sebaldt, Martin, und Alexander Straßner. 2004. *Verbände in der Bundesrepublik Deutschland. Eine Einführung*. Wiesbaden.

Speth, R. 2010. Grenzen der politischen Kommunikation von Unternehmerverbänden. In Hrsg. Wolfgang Schroeder und Bernhard Wessels, 220–235. (2010).

Steiner, Adrian, und Otfried Jarren. 2009. Intermediäre Organisationen unter Medieneinfluss? Zum Wandel der politischen Kommunikation von Parteien, Verbänden und Bewegungen. In Hrsg. Frank Marcinkowski und Barbara Pfetsch, 251–269. (2009).

Straßner, Alexander. 2010. Verbände: Funktionen und Strukturen. In Hrsg. Olaf Hoffjann und Roland Stahl, 21–39. (2010a).

Straßner, Alexander, und Martin Sebaldt. 2007. Die Europäisierung von Verbandsarbeit: Verbandsfunktionen, Wandlungsmuster, Konsequenzen. In Hrsg. Ottfried Jarren, Dominik Lachenmeier, und Adrian Steiner, 123–144. (2007a).

Terkildsen, Nayda, Frauke I. Schnell, und Christina Ling. 2008. Interest groups, the media, and policy debate formation: An analysis of message structure, rethoric, and source cues. In *Political Communication*, 1, London u. a. Hrsg. Philip Seib, 430–447.

Thränhardt, Dietrich. 1992. Globale Probleme, globale Normen, neue globale Akteure. *PVS* 33 (2): 219–234.

Voltmer, Katrin. 2007. Massenmedien und politische Entscheidungen – mediale Einflussfaktoren im Policyprozess. In Hrsg. Sigrid Koch-Baumgarten und Lutz Mez, 19–38. (2007).

Voltmer, Katrin, und Sigrid Koch-Baumgarten. 2010. Introduction: Mass media and public policy—is there a link? In Hrsg. Sigrid Koch-Baumgarten und Katrin Voltmer, 1–14. (2010a).

Voss, Kathrin. 2010. Online-Kommunikation von Verbänden. In Hrsg. Olaf Hoffjann und Roland Stahl, 293–316. (2010a).

Vowe, Gerhard. 2007. Das Spannungsfeld von Verbänden und Medien: Mehr als öffentlicher Druck und politischer Einfluss. In *Interessenverbände in Deutschland*, Hrsg. Thomas v. Winter und Ulrich Willems, 465–488. Wiesbaden.

Vowe, Gerhard, und Marco Dohle. 2009. Weltbild und Medienbild des Parlaments im Wandel. Eine Inhaltsanalyse von Bundestagsdebatten aus 50 Jahren. In Hrsg. Frank Marcinkowski und Barbara Pfetsch, 224–25. (2009).

Weber, Jürgen. 1976. *Interessengruppen im Politischen System der Bundesrepublik Deutschland*. München.

Weber, Jürgen. 1980. Gefährdung der parlamentarischen Demokratie durch Verbände? In *Pluralismus. Grundlegung und Diskussion*, Hrsg. Heinrich Oberreuter, 163–201. Opladen.

Wessels, Bernhard. 2003. Gewerkschaften in der Mediengesellschaft. In *Die Gewerkschaften in Politik und Gesellschaft der Bundesrepublik Deutschland. Ein Handbuch*, Hrsg. Wolfgang Schroeder und Bernhard Wessels, 322–341. Wiesbaden.

Zeese, Jan. 2010. Verbandszeitschriften. Empirische Befunde. In Hrsg. Olaf Hoffjann und Roland Stahl, 223–236. (2010a).